# ἡ ὁδός

# *The Path to Learning Greek*

T. Michael W. Halcomb

& Jordan Day

GlossaHouse
Wilmore, KY
www.GlossaHouse.com

ἡ ὁδός: The Path to Learning Greek



GlossaHouse, Inc.
110 Callis Cir.
Wilmore, KY 40390

Halcomb, T. Michael W.
The path to learning Greek / T. Michael W. Halcomb & Jordan Day. – Wilmore, KY : GlossaHouse, ©2013.

102 pages : color illustrations ; 28 cm. – (Accessible Greek resources and online studies series. Tier 2)

ISBN 9780615799858 (paperback)

1. Greek language, Biblical – Vocabulary. 2. Bible. – New Testament – Language, style. I. Title. II. Series. III. Day, Jordan.

PA863.H34 2013 487/.4

Cover Design by Asa Harrison, Klay Harrison & T. Michael W. Halcomb.
The cover font used to create this work is available at www.linguistsoftware.com/lgku.htm.
Illustrations & Text by T. Michael W. Halcomb and Jordan Day.
Book Design by T. Michael W. Halcomb and Jordan Day.

AGROS
Accessible Greek Resources & Online Studies

Series Editors
Fredrick J. Long & T. Michael W. Halcomb

GH

*GlossaHouse*

δόξα ἐν ὑψίστοις θεῷ

# πίναξ (Table of Contents)


εἰσαγωγή (Introduction) 1-3

κεφάλαιον πρῶτον - τὸ σῶμα 4-13
κεφάλαιον δεύτερον - ζῷα 14-30
κεφάλαιον τρίτον - κοινὰ χρήματα 31-40
κεφάλαιον τέταρτον - ἔργα 41-49
κεφάλαιον πέμπτον - βρῶμα καὶ πόμα 50-56
κεφάλαιον ἕκτον - ἀσπασμοί 57-67
κεφάλαιον ἕβδομον - ἀριθμοί 68-76
κεφάλαιον ὄγδοον - ὧραι καὶ ὥρα ἔτους 77-88
κεφάλαιον ἔνατον - πάθη καὶ νοήματα 89-92
κεφάλαιον δέκατον - ἐρωτήματα 93-102

# Introduction to the AGROS Series

The Greek term ἀγρός is a field where seeds are planted and growth occurs. It also can denote a small village or community that forms around such a field. The type of community envisioned here is one that attends to Holy Scripture, particularly one that encourages the use of biblical Greek. Accessible Greek Resources and Online Studies (AGROS) is a tiered curriculum suite featuring innovative readers, grammars, specialized studies, and other exegetical resources to encourage and foster the exegetical use of biblical Greek. The goal of AGROS is to facilitate the creation and publication of innovative and inexpensive print and digital resources for the exposition of Scripture within the context of the global church.

The AGROS curriculum includes five tiers, and each tier is indicated on the book's cover: Tier 1 (Beginning I), Tier 2 (Beginning II), Tier 3 (Intermediate I), Tier 4 (Intermediate II), and Tier 5 (Advanced). In addition, there is a reference collection which contains general reference materials such as lexicons. There are also two resource tracks: Conversational and Translational. Both involve intensive study of morphology, grammar, syntax, and discourse features. The conversational track specifically values the spoken word, and the enhanced learning associated with speaking a language in actual conversation. The translational track values the written word, and encourages analytical study to aide in understanding and translating biblical Greek and other Greek literature. The two resource tracks complement one another and can be pursued independently or together.

# Introduction to this Book

When students embark on the journey of learning New Testament Greek, they often find themselves lost within the first week. By the end of the first semester, many feel like they have experienced a linguistic shipwreck. In addition to learning grammar and translation skills as well as preparing for quizzes and exams, students tend to feel bogged down with weekly vocabulary. Indeed, memorizing vocabulary words and their respective glosses quickly becomes the bane of many students' existences. This volume aims to help curtail such experiences. In fact, one of the underlying presuppositions of this book is that there is a much better and more enjoyable way for students not only to learn Greek, but also to build their Greek vocabularies.

# How This Book Works

This volume has been strategically arranged into ten chapters. Each of these chapters contains terms and figures of speech that will assist students in beginning to think and speak in Koine Greek. These are accompanied by illustrations, which allow the reader/speaker to figure out what is being said within a specific context. One of our convictions is that students, even adult students, struggle with reading the Greek New Testament because it is difficult for them to visualize the context in their mind's eye. Any type of reading detached from context is difficult and this is even more so the case when it comes to a foreign language, especially an ancient language that, at least for the time being, has been presumed dead.

One of the goals of this work is to help bring Koine to life for students. We believe that hearing, speaking and reading the language helps make this happen. We also believe that our approach makes engaging ancient Greek literature such as the Septuagint (LXX) and New Testament more effective and enjoyable than many traditional approaches. To this end, and in addition to seeing the "texts" and "conversations" throughout this book within an illustrated format, we have also developed companion audio files. This adds an extra element of engagement, one that allows the reader to hear the language spoken. You can purchase and download these by visiting the GlossaHouse website (www.GlossaHouse.com) and navigating the relevant links.

One way to help students truly internalize and "get Greek" is to help them begin thinking in Greek. The end-goal should not be to produce fast decoders of Greek words. Instead, the aim should be to get students thinking in Greek without first having to make correlations with English. Certainly, we want students to be able to translate Greek into their native languages, whether that is English or some other language. Yet, the traditional way of doing that requires much more time and energy than if one simply learns to speak and think in Greek first. Linking pictures with words, and even audio, helps students do this.

In order to assist readers, we have also included all vocabulary terms at the beginning of each chapter. Here, in rows of three, students can see the forms that are used within each chapter, the lexical forms, and also some simple English glosses for each term. When no direct or explicit English gloss of a Greek word could be recovered, we chose to use what we estimated to be the closest term. We used the same principle in choosing our images and illustrations. We strove to avoid anachronism with our glosses and visuals and we were constantly aware that there is often a rather blurry line in this regard when attempting to navigate multiple languages. This may be even more true when one language is ancient and the other is modern.

It is our hope that readers will find the visualizations and glosses helpful. Since we have all of the terms at the beginning of each chapter and since we do not want students to rely too much on English, we have purposefully chosen not to include a glossary at the back. By the time readers have completed the tenth chapter, they will have encountered around 360 unique words and about 510 different forms.

This brings us to another point: nearly all of the Greek words used within this book are from the Koine era (roughly 300 BCE—300 CE) and authors whose writings may be identified as Koine literature. We drew most heavily on the Septuagint, New Testament, Plutarch, and Athenaeus. Much more rare were terms used from the Apocrypha, Apostolic Fathers, Diogenes Laertius, Dionysius Halicarnassus, Philostratus, Polyaenus, Hippolytus, and *Vitae Aesopi*. With caution we also extracted less than a handful of words from Aesop, Galen, and Julius Pollux. Thus, readers of this book are patently at home within the linguistic milieu of Koine Greek.

Finally, we would like to thank GlossaHouse for including this in the AGROS series. We look forward to the many excellent resources that are forthcoming in the AGROS Curriculum Suite. Michael and Jordan would both like to thank their spouses for their partnership and support over the duration of this project. In closing, it is our hope that this work will spur on many students who desire to learn and know ancient Greek. While we are well aware of the fact that this work is but a stepping stone in that process, we hope that it can be a fun, formative, and life-giving step along the way.

Pentecost, 2013

T. Michael W. Halcomb & Jordan Day

# κεφάλαιον πρῶτον - τὸ σῶμα

| Forms Found In This Chapter | Lexical Forms | Simple Gloss |
|---|---|---|
| ἀγκῶνας | ἀγκών, -ῶνος, ὁ | Elbow |
| ἀνὴρ | ἀνήρ, ἀνδρός, ὁ | Man, male |
| ἀνοίγει | ἀνοίγω | To open |
| ἅπτεται | ἅπτομαι | To touch |
| αὐτῆς | αὐτός, -ή, -ό | Him, her, it |
| αὐτοῦ | αὐτός, -ή, -ό | Him, her, it |
| αὐχένα | αὐχήν, -ένος, ὁ | Neck, throat |
| βραχίονας | βραχίων, -ονος, ὁ | Arm |
| βρέφος | βρέφος, -ους, τό | Baby, infant |
| γένειον | γένειον, -ου, τό | Chin |
| γλῶσσαν | γλῶσσα, -ης, ἡ | Tongue |
| γόνατα | γόνυ, -ατος, τό | Knee |
| γυνὴ | γυνή, -αικός, ἡ | Woman, wife |
| δακτύλους | δάκτυλος, -ου, ὁ | Fingers, toes |
| ἕνα | εἷς, μία, ἕν | One |
| ἐπὶ | ἐπί | On, upon |
| ἔχει | ἔχω | To have, hold |
| ἡ | ὁ, ἡ, τό | The |
| καὶ | καί | And, even, also |
| κεφαλήν | κεφαλή, ῆς, ἡ | Head |
| κεφαλῆς | κεφαλή, ῆς, ἡ | Head |
| κλείει | κλείω | To shut, close |
| κνήμης | κνήμη, -ης, ἡ | Shin |
| κοιλίας | κοιλία, -ας, ἡ | Belly, stomach |
| κρύπτει | κρύπτω | To hide |
| μηροῦ | μηρός, -οῦ, ὁ | Thigh |
| νῶτον | νῶτος, -ου, ὁ | Back |
| ὁ | ὁ, ἡ, τό | The |
| ὀδόντας | ὀδούς, -όντος, ὁ | Tooth |
| ὀφθαλμόν | ὀφθαλμός, οῦ, ὁ | Eye |
| ὀφθαλμὸν | ὀφθαλμός, οῦ, ὁ | Eye |
| ὀφθαλμοὺς | ὀφθαλμός, οῦ, ὁ | Eye |
| παῖς | παῖς, παιδός, ὁ, ἡ | Child |
| ποδὸς | πούς, ποδός, ὁ | Foot |
| ποδῶν | πούς, ποδός, ὁ | Foot |
| πρόσωπον | πρόσωπον, -ου, τό | Face |
| πυγήν | πυγή, -ῆς, ἡ | Bottom, butt |
| ῥινὸς | ῥίς, ῥινός, ἡ | Nose |

| σιαγόνας | σιαγών, -όνος, ἡ | Cheek |
|---|---|---|
| σκέλη | σκέλος, -ους or -εος, τό | Leg |
| στόμα | στόμα, -ατος, τό | Mouth |
| σφυδρά | σφυδρόν, -οῦ, τό | Ankle |
| τὸ | ὁ, ἡ, τό | The |
| τὰ | ὁ, ἡ, τό | The |
| ταῖς | ὁ, ἡ, τό | The |
| τὴν | ὁ, ἡ, τό | The |
| τῆς | ὁ, ἡ, τό | The |
| τίθησιν | τίθημι | To put, place |
| τοῦ | ὁ, ἡ, τό | The |
| τοὺς | ὁ, ἡ, τό | The |
| τρίχα | θρίξ, τριχός, ἡ | Hair |
| τῶν | ὁ, ἡ, τό | The |
| χερσίν | χείρ, χειρός, ἡ | Hand |
| χείλη | χεῖλος, -ους, τό | Lip, edge |
| χεῖρα | χείρ, χειρός, ἡ | Hand |
| χεῖρας | χείρ, χειρός, ἡ | Hand |
| ὤμου | ὦμος, -ου, ὁ | Shoulder |
| ὦτα | οὖς, ὠτός, τό | Ear |

ὁ παῖς ἔχει χεῖρα.
ὁ παῖς ἔχει κεφαλήν.
ὁ παῖς τίθησιν τὴν χεῖρα ἐπὶ τῆς κεφαλῆς αὐτοῦ.

ὁ παῖς ἀνοίγει τοὺς ὀφθαλμοὺς αὐτοῦ.
ὁ παῖς κλείει τοὺς ὀφθαλμοὺς αὐτοῦ.
ὁ παῖς ἀνοίγει ἕνα ὀφθαλμὸν καὶ κλείει ἕνα ὀφθαλμόν.

ἡ παῖς ἔχει χεῖρας.

ἡ παῖς ἔχει ὦτα.

ἡ παῖς κρύπτει τὰ ὦτα
αὐτῆς ταῖς χερσίν.

ἡ παῖς ἅπτεται τῆς
ῥινὸς αὐτῆς.

ἡ παῖς ἅπτεται τῶν
ὤμων αὐτῆς.

ἡ παῖς ἅπτεται τῆς
κοιλίας αὐτῆς.

ὁ παῖς ἀνοίγει τὸ
στόμα αὐτοῦ.
ὁ παῖς ἔχει
ὀδόντας.
ὁ παῖς ἔχει
γλῶσσαν.
ὁ παῖς ἔχει χείλη.
ὁ παῖς κλείει τὸ
στόμα αὐτοῦ.

ὁ ἀνὴρ ἅπτεται
τοῦ μηροῦ αὐτοῦ.
ὁ ἀνὴρ ἅπτεται
τῆς κνήμης αὐτοῦ.
ὁ ἀνὴρ ἅπτεται
τοῦ ποδὸς αὐτοῦ.
ὁ ἀνὴρ ἅπτεται
τῶν ποδῶν αὐτοῦ.

ἡ παῖς ἔχει αὐχένα.
ἡ παῖς ἔχει τρίχα.
ἡ παῖς ἔχει γένειον.

ἡ παῖς ἔχει βραχίονας.
ἡ παῖς ἔχει σκέλη.
ἡ παῖς ἔχει σιαγόνας.

ἡ γυνὴ ἔχει νῶτον.
ἡ γυνὴ ἔχει ἀγκῶνας.
ἡ γυνὴ ἔχει γόνατα.
ἡ γυνὴ ἔχει σφυδρά.

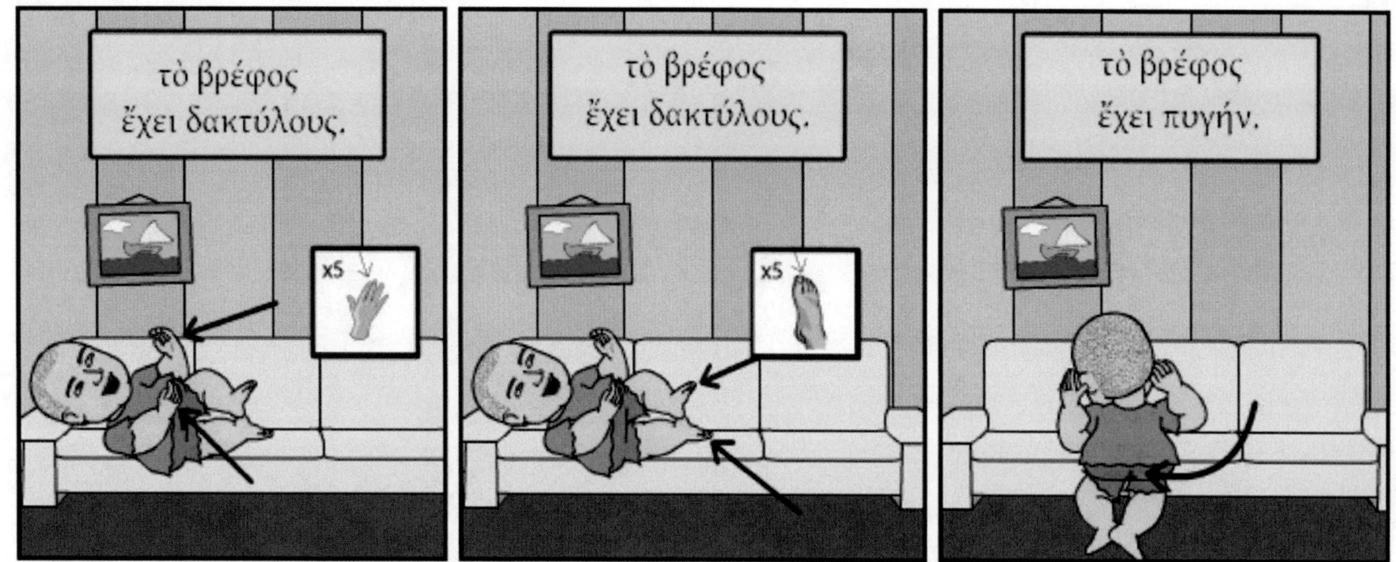
τὸ βρέφος
ἔχει δακτύλους.
x5
τὸ βρέφος
ἔχει δακτύλους.
x5
τὸ βρέφος
ἔχει πυγήν.

# κεφάλαιον δεύτερον - ζῷα

| Forms Found In This Chapter | Lexical Forms | Simple Gloss |
|---|---|---|
| ἀγρῷ | ἀγρός, -οῦ, ὁ | Field |
| αἰγιαλοῦ | αἰγιαλός, -οῦ, ὁ | Beach |
| αἴλουρος | αἴλουρος, -ου, ὁ | Cat |
| ἀλώπηξ | ἀλώπηξ, -εκος, ἡ | Fox |
| ἀναβαίνει | ἀναβαίνω | To go up |
| ἄρκος | ἄρκος, -ου, ὁ | Bear |
| αὐλῇ | αὐλή, ῆς, ἡ | Yard, courtyard |
| αὐτοῦ | αὐτός, -ή, -ό | Him, her, it |
| βάτραχος | βάτραχος, -ου, ὁ | Frog |
| βοῦς | βοῦς, βοός, ὁ, ἡ | Ox, cow |
| γαλῆ | γαλῆ, -ῆς, ἡ | Skunk, marten, weasel, ferret, polecat, wild cat |
| διὰ | διά | Through |
| δένδρῳ | δένδρον, -ου, τό | Tree |
| δένδρου | δένδρον, -ου, τό | Tree |
| διέρχεται | διέρχομαι | To walk/pass through |
| δορκὰς | δορκάς, -άδος, ἡ | Gazelle/animal of the deer family |
| ἐγγὺς | ἐγγύς | Near |
| εἰς | εἰς | In, into |
| εἰσέρχεται | εἰσέρχομαι | To come, go, enter |
| ἔλαφος | ἔλαφος, -ου, ὁ, ἡ | Deer |
| ἐλέφας | ἐλέφας, -αντος, ὁ | Elephant |
| ἐν | ἐν | In, into |
| ἐπὶ | ἐπί | On, upon |
| ἐρήμῳ | ἔρημος, -ου, ἡ | Wilderness |
| ἔριφος | ἔριφος, -ου, ὁ | Goat, he-goat |
| ἕρπει | ἕρπω | To crawl |
| ἕστηκεν | ἵστημι | To stand |
| ἐξέρχεται | ἐξέρχομαι | To go/come out |
| ἵππος | ἵππος, -ου, ὁ | Horse |
| ἰχθὺς | ἰχθύς, -ύος, ὁ | Fish |
| κάθηται | κάθημαι | To sit down |
| καμηλοπάρδαλις | καμηλοπάρδαλις, -εως or -ιδος, ἡ | Giraffe |
| κάμηλος | κάμηλος, -ου, ὁ, ἡ | Camel |
| καταβαίνει | καταβαίνω | To go down |
| κεῖται | κεῖμαι | To lie down |
| κροκόδειλος | κροκόδειλος, -ου, ὁ | Crocodile, lizard |
| κρύπτεται | κρύπτω | To hide |

| κύων | κύων, -κυνός, ὁ | Dog |
|---|---|---|
| λέων | λέων, -οντος, ὁ | Lion |
| λίθου | λίθος, -ου, ὁ | Stone, rock |
| μελεαγρὶς | μελεαγρίς, -ίδος, ὁ | Guinea-fowl, turkey |
| ὁδόν | ὁδός, οῦ, ἡ | Road, path, way |
| οἰκεῖ | οἰκέω | To dwell, live in |
| οἴκου | οἶκος, -ου, ὁ | House |
| ὄνος | ὄνος, -ου, ὁ, ἡ | Donkey |
| ὀπίσω | ὀπίσω | Behind, after |
| ὄρνις | ὄρνις, ιθος, ὁ, ἡ | Chicken, rooster |
| ὄρος | ὄρος, -ους, τό | Mountain, hill |
| ὄρους | ὄρος, -ους, τό | Mountain, hill |
| οὐρανῷ | οὐρανός, οῦ, ὁ | Sky, heaven |
| ὄφις | ὄφις, -εως, ὁ | Snake, serpent |
| παίζει | παίζω | To play |
| παρὰ | παρά | Beside, by |
| περιβλέπει | περιβλέπω | To look around |
| περιπατεῖ | περιπατέω | To walk (around) |
| πετεινὸν | πετεινόν, -οῦ, τό | Bird (that flies) |
| πέτεται | πέτομαι | To fly |
| πηλῷ | πηλός, -οῦ, ὁ | Dirt, mud |
| πίθηκος | πίθηκος, -ου, ὁ | Monkey, ape |
| πρόβατον | πρόβατον, -ου, τό | Sheep |
| τῇ | ὁ, ἡ, τό | The |
| τὴν | ὁ, ἡ, τό | The |
| τῆς | ὁ, ἡ, τό | The |
| τὸ | ὁ, ἡ, τό | The |
| τοῖς | ὁ, ἡ, τό | The |
| τοῦ | ὁ, ἡ, τό | The |
| τῷ | ὁ, ἡ, τό | The |
| ὕδασιν | ὕδωρ, -ατος, τό | Water |
| ὕδατος | ὕδωρ, -ατος, τό | Water |
| ὕλῃ | ὕλη, -ης, ἡ | Forest, woods |
| ὕλης | ὕλη, -ης, ἡ | Forest, woods |
| φάλλαινα | φάλλαινα, -ης, ἡ | Whale |
| φραγμοῦ | φραγμός, οῦ, ὁ | Fence |
| χέλυς | χέλυς, -υος, ἡ | Turtle |
| χοιρογρύλλιος | χοιρογρύλλιος, -ου, ὁ | Rabbit, coney |
| χοῖρος | χοῖρος, -ου, ὁ | Pig |

ἄρκος ἐν τῇ ὕλῃ ἕστηκεν.

πετεινὸν πέτεται
ἐν τῷ οὐρανῷ.

κάμηλος περιπατεῖ
ἐν τῇ ἐρήμῳ.

αἴλουρος περιπατεῖ παρὰ τὴν
ὁδόν.

ὄρνις περιπατεῖ
ἐν τῇ αὐλῇ.

βοῦς ἐν τῷ ἀγρῷ ἕστηκεν.

κροκόδειλος ἕρπει ἐπὶ
τοῦ αἰγιαλοῦ.

ἔλαφος ἐν τῇ ὕλῃ
περιβλέπει.

κύων ἐγγὺς τοῦ οἴκου
αὑτοῦ κάθηται.

ὄνος ἐγγὺς τοῦ
φραγμοῦ ἕστηκεν.

ἐλέφας ἀναβαίνει είς
τὸ ὄρος.

ἰχθὺς ἐξέρχεται τοῦ ὕδατος.

ἀλώπηξ κρύπτεται
ἐν τῇ ὕλῃ.

δορκὰς καταβαίνει
τοῦ ὄρους.

καμηλοπάρδαλις ἐν
τῇ ἐρήμῳ ἕστηκεν.

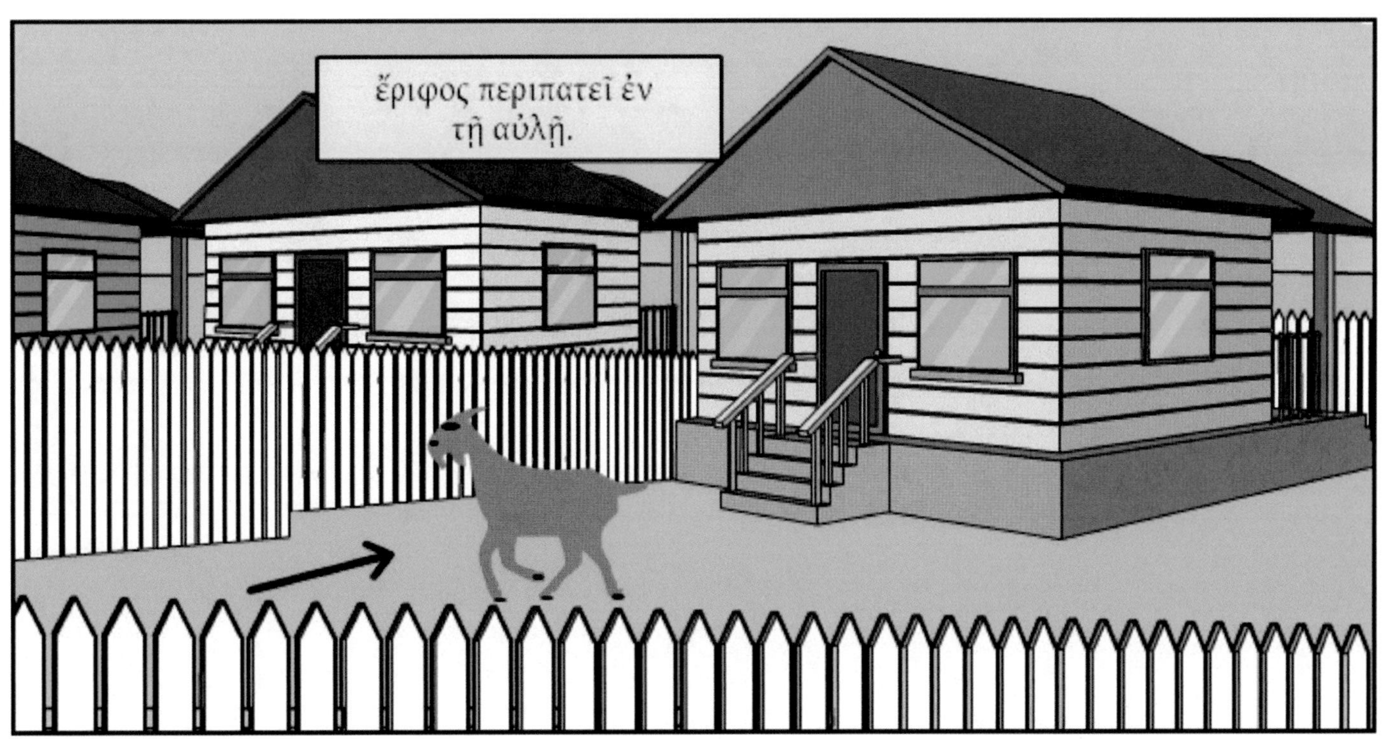
ἔριφος περιπατεῖ ἐν
τῇ αὐλῇ.

ἵππος διέρχεται
διὰ τῆς ὕλης.

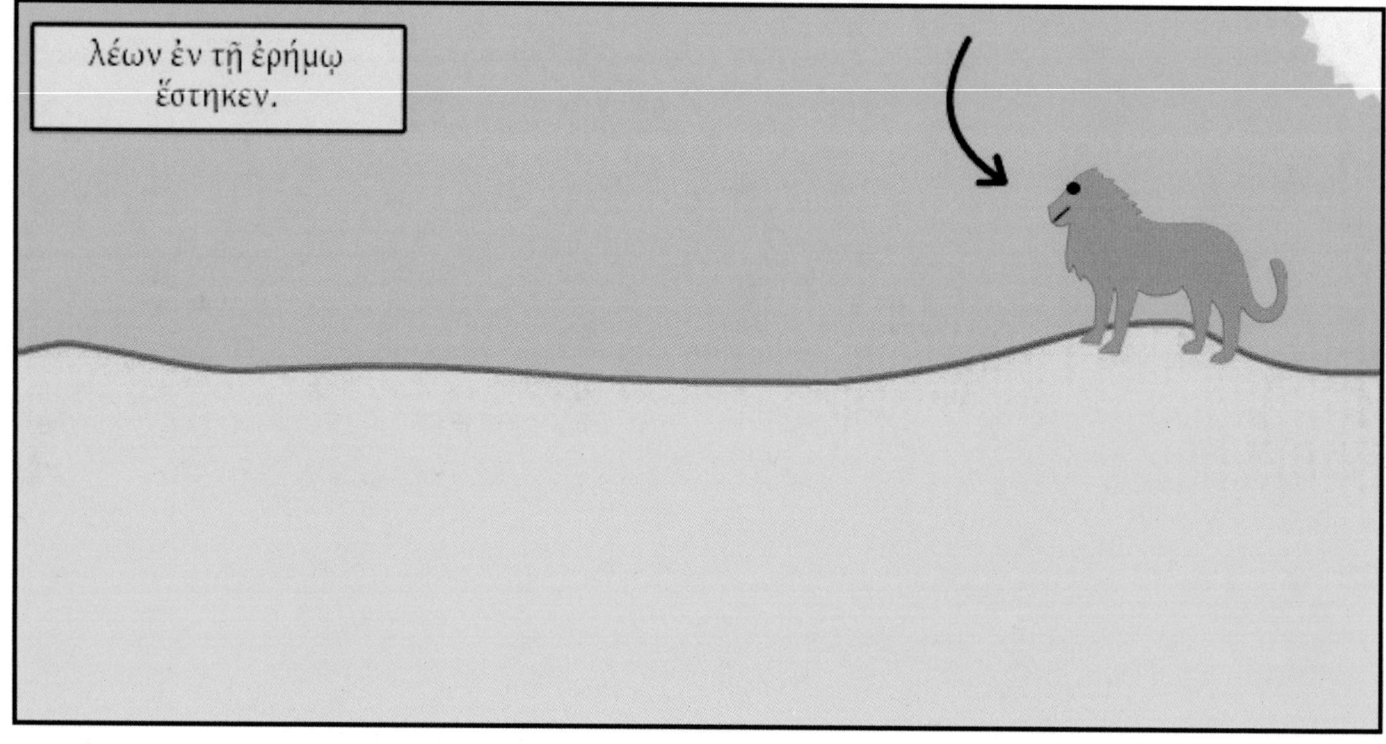
λέων ἐν τῇ ἐρήμῳ
ἕστηκεν.

πίθηκος κάθηται
ἐν τῷ δένδρῳ.

χοῖρος παίζει
ἐν τῷ πηλῷ.

χοιρογρύλλιος κρύπτεται
ἐν τῷ χόρτῳ.

πρόβατον περιπατεῖ
ἐν τῷ ἀγρῷ.

γαλῆ εἰσέρχεται εἰς τὴν ὁδόν.

ὄφις ἐγγὺς τοῦ οἴκου κεῖται.

μελεαγρὶς παρὰ
τοῦ δένδρου ἕστηκεν.

χέλυς κρύπτεται
ὀπίσω τοῦ λίθου.

φάλλαινα οἰκεῖ ἐν
τοῖς ὕδασιν.

# κεφάλαιον τρίτον - κοινὰ χρήματα

| Forms Found In This Chapter | Lexical Forms | Simple Gloss |
|---|---|---|
| ἀέρι | ἀήρ, -έρος, ὁ | Air, sky |
| ἀθύρματα | ἄθυρμα, -τος, τό | Toy |
| ἀναξυρίδας | ἀναξυρίδες, -ίδων, αἱ | Pants, trousers |
| ἄνδρα | ἀνήρ, ἀνδρός, ὁ | Man, male |
| ἀπόμαγμα | ἀπόμαγμα, -τος, τό | Cloth used for wiping |
| ἀράχνην | ἀράχνη, -ης, ἡ | Spider web |
| ἀράχνης | ἀράχνης, -ου, ὁ | Spider |
| ἀργύριον | ἀργύριον, -ου, τό | Silver |
| αὐλόν | αὐλός, -ου, ὁ | Flute, clarinet, trumpet |
| βλέπει | βλέπω | To see |
| γεωγραφίαν | γεωγραφία, -ας, ἡ | Geography, map |
| γῆς | γῆ, γῆς, ἡ | Land, earth, ground |
| γράφει | γράφω | To write |
| γυνὴ | γυνή, -αικός, ἡ | Woman, wife |
| δείκνυσι | δείκνυμι | To point out/to |
| διδάσκαλος | διδάσκαλος, -ου, ὁ | Teacher |
| εἰσιν | εἰμί | To be |
| ἐν | ἐν | In, into |
| ἐπὶ | ἐπί | On, upon |
| ἕρπει | ἕρπω | To crawl |
| ἕστηκεν | ἵστημι | To stand |
| ἐστίν | εἰμί | To be |
| ἐστὶν | εἰμί | To be |
| ἔχει | ἔχω | To have, hold |
| ἡ | ὁ, ἡ, τό | The |
| ἱμάτιον | ἱμάτιον, -ου, τό | Jacket, coat, outer garment |
| ἴριδα | ἶρις, -ιδος, ἡ | Rainbow |
| καλάμῳ | κάλαμος, -ου, ὁ | Writing utensil, pen |
| κάμπη | κάμπη, -ης, ἡ | Caterpillar |
| κανώνα | κανών, -όνος, ὁ | Ruler |
| κλάδον | κλάδος, -ου, ὁ | Branch, shrub |
| κόσμος | κόσμος, -ου, ὁ | World |
| κώνωψ | κώνωψ, -ωπος, ὁ | Mosquito, gnat |
| λοπάδα | λοπάς, -άδος, ἡ | Plate, dish |
| λύχνος | λύχνος, -ου, ὁ | Lamp |
| μανιάκην | μανιάκης, -ου, ὁ | Necklace |
| μάχαιραν | μάχαιρα, -ης, ἡ | Sword |

| | | |
|---|---|---|
| μυῖα | μυῖα, -ης, ἡ | Fly |
| μύρμηξ | μύρμηξ, -ηκος, ὁ | Ant |
| ὁ | ὁ, ἡ, τό | The |
| οἴκῳ | οἶκος, -ου, ὁ | House |
| οὗτος | οὗτος, αὕτη, τοῦτο | This |
| παῖς | παῖς, παιδός, ὁ, ἡ | Child |
| πέτεται | πέτομαι | To fly |
| πέτρου | πέτρος, -ου, ὁ | Rock, Peter |
| περίζωμα | περίζωμα, -ατος, τό | Underclothing, underwear |
| πηκτίδα | πηκτίς, -ίδος, ἡ | Guitar |
| ποιεῖ | ποιέω | To make, do |
| ποτόν | ποτόν, -οῦ, τό | Drink |
| σανδάλια | σανδάλιον, -ου, τό | Sandal |
| σάρον | σάρον, -ου, τό | Broom |
| σημάδιά | σημάδιον, -ου, τό | Flag |
| τάλαρον | τάλαρος, -ου, ὁ | Basket, wicker basket |
| τὴν | ὁ, ἡ, τό | The |
| τῆς | ὁ, ἡ, τό | The |
| τὸν | ὁ, ἡ, τό | The |
| τρία | τρεῖς, τρία | Three |
| τύμπανα | τύμπανον, -ου, τό | Drum |
| τῷ | ὁ, ἡ, τό | The |
| ὑποδήματα | ὑπόδημα, -ατος, τό | Shoe |
| φιάλην | φιάλη, -ης, ἡ | Bowl, shallow cup, container |
| χάρτην | χάρτης, -ου, ὁ | Piece of paper |
| χιτῶνα | χιτών, -ῶνος, ὁ | Shirt, tunic, garment worn under a coat |

ὁ παῖς ἔχει ποτόν.

ὁ παῖς ἔχει
τύμπανα.

ὁ παῖς ἔχει
ἀπόμαγμα.

ὁ παῖς ἔχει κλάδον.

ἡ γυνὴ ἔχει πηκτίδα.

ἡ γυνὴ ἔχει φιάλην.

ὁ διδάσκαλος δείκνυσι
τὴν γεωγραφίαν.

ὁ διδάσκαλος
ἔχει κανώνα.

ὁ ἀνὴρ ἔχει
ἀναξυρίδας.

ὁ ἀνὴρ ἔχει
περίζωμα.

ὁ ἀνὴρ ἔχει ἱμάτιον.

ὁ ἀνὴρ ἔχει
σανδάλια.

ὁ ἀνὴρ ἔχει
μάχαιραν.

ὁ ἀνὴρ ἔχει
ἀργύριον.

ὁ ἀνὴρ ἔχει σάρον.

ὁ ἀνὴρ βλέπει ἶριδα.

λύχνος ἐν τῷ
οἴκῳ ἐστίν.

τρία σημάδιά εἰσιν.

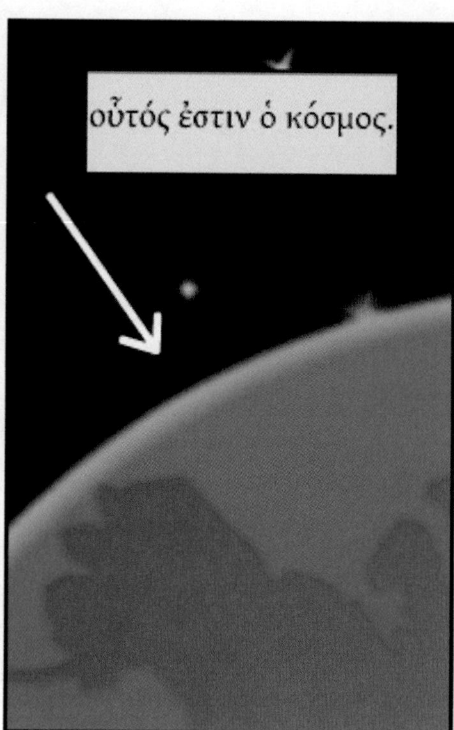
οὗτός ἐστιν ὁ κόσμος.

ἡ γυνὴ γράφει καλάμῳ.
ἡ γυνὴ ἔχει χάρτην.
ἡ γυνὴ ἔχει τάλαρον.
ἡ γυνὴ ἔχει μανιάκην.
ἡ γυνὴ ἔχει χιτῶνα.
ἡ γυνὴ ἔχει ὑποδήματα.

ὁ ἀράχνης ποιεῖ
ἀράχνην.

ὁ μύρμηξ ἐπὶ
πέτρου ἕστηκεν.

ἡ κάμπη ἕρπει
ἐπὶ τῆς γῆς.

ἡ μυῖα πέτεται
ἐν τῷ ἀέρι.

ὁ κώνωψ πέτεται
ἐν τῷ ἀέρι.

ἡ παῖς ἔχει
λοπάδα.

ἡ παῖς ἔχει αὐλόν.

ἡ παῖς ἔχει
ἀθύρματα.

# κεφάλαιον τέταρτον - ἔργα

| Forms Found In This Chapter | Lexical Forms | Simple Gloss |
|---|---|---|
| αἱμορροεῖ | αἱμορροέω | To bleed |
| ἁλιεύει | ἁλιεύω | To fish |
| ἀναβαθμῶν | ἀναβαθμός, -οῦ, ὁ | Stairs |
| ἀναβαθμούς | ἀναβαθμός, -οῦ, ὁ | Stairs |
| ἀναβαίνει | ἀναβαίνω | To go up |
| ἄνθρωποι | ἀνθρωπος, -ου, ὁ | Person, man |
| ἀνὴρ | ἀνήρ, ἀνδρός, ὁ | Man, male |
| ἀνοίγει | ἀνοίγω | To open |
| ἀπ' | ἀπό | From, away from |
| ἀπεκδέχεται | ἀπεκδέχομαι | To wait, await eagerly |
| ἅπτεται | ἅπτομαι | To touch |
| ἄρτον | ἄρτος, -ου, ὁ | Bread |
| βάλλει | βάλλω | To throw |
| βλέπει | βλέπω | To see |
| βραχίων | βραχίων, -ονος, ὁ | Arm |
| γεμίζει | γεμίζω | To fill up |
| γράφει | γράφω | To write |
| γυνὴ | γυνή, -αικός, ἡ | Woman, wife |
| δένδρου | δένδρον, -ου, τό | Tree |
| δεῦτε | δεῦτε | Come |
| διὰ | διά | Through |
| εἰς | εἰς | In, into |
| εἰσέρχεται | εἰσέρχομαι | To come, go, enter |
| ἐπὶ | ἐπί | On, upon |
| ἐπιστολήν | ἐπιστολή, -ῆς, ἡ | Letter, Epistle |
| ἐσθίουσιν | ἐσθίω | To eat |
| ἕστηκεν | ἵστημι | To stand |
| ζητεῖ | ζητέω | To search, look for |
| ἡ | ὁ, ἡ, τό | The |
| θυμιᾷ | θυμιάω (θυμιάζω) | To burn, produce smoke |
| θύραν | θύρα, -ας, ἡ | Door |
| θυρίδα | θυρίς, -ίδος, ἡ | Window |
| θυρίδος | θυρίς, -ίδος, ἡ | Window |
| θησαυρόν | θησαυρός, -οῦ, ὁ | Treasure, storeroom |
| καθεύδει | καθεύδω | To sleep |
| καθίζει | καθίζω | To sit down |
| καταβαίνει | καταβαίνω | To go down |
| καταπίπτει | καταπίπτω | To fall down |

| κεφαλήν | κεφαλή, -ῆς, ἡ | Head |
|---|---|---|
| κιβωτοῦ | κιβωτός, -οῦ, ἡ | Box, ark |
| κλείει | κλείω | To shut, close |
| κνήθεται | κνήθω | To scratch, itch, tickle |
| κύνα | κύων, -κυνός, ὁ | Dog |
| λαλεῖ | λαλέω | To talk, speak |
| λούει | λούω | To wash |
| μου | ἐγώ | I |
| ὁ | ὁ, ἡ, τό | The |
| οἱ | ὁ, ἡ, τό | The |
| οἶκον | οἶκος, -ου, ὁ | House |
| ὄχλον | ὄχλος, -ου, ὁ | Crowd |
| παῖδα | παῖς, παιδός, ὁ, ἡ | Child |
| παιδὸς | παῖς, παιδός, ὁ, ἡ | Child |
| παῖς | παῖς, παιδός, ὁ, ἡ | Child |
| παρὰ | παρά | Beside, by |
| περικόπτει | περικόπτω | To cut (around), trim |
| πίνουσιν | πίνω | To drink |
| ποτήριον | ποτήριον, -ου, τό | Cup |
| πρὸς | πρός | To, toward, down from, against |
| προσκαλεῖται | προσκαλέω | To call to/on/for |
| πῦρ | πῦρ, -ός, τό | Fire |
| ῥήγνυται | ῥήγνυμι | To break apart, tear |
| σῴζει | σῴζω or σώζω | To save, preserve |
| σφαῖραν | σφαῖρα, -ας, ἡ | Ball, sphere |
| τὴν | ὁ, ἡ, τό | The |
| τῆς | ὁ, ἡ, τό | The |
| τὸ | ὁ, ἡ, τό | The |
| τὸν | ὁ, ἡ, τό | The |
| τοῦ | ὁ, ἡ, τό | The |
| τοὺς | ὁ, ἡ, τό | The |
| ὕδατα | ὕδωρ, -ατος, τό | Water |
| ὕδατος | ὕδωρ, -ατος, τό | Water |
| χάρτην | χάρτης, -ου, ὁ | Piece of paper |

ἡ παῖς ῥήγνυται
τὸν ἄρτον.

ἡ παῖς γεμίζει
τὸ ποτήριον τοῦ ὕδατος.

ἡ παῖς γράφει ἐπιστολήν.

ὁ ἀνὴρ ἁλιεύει.

ὁ ἀνὴρ ζητεῖ
θησαυρόν.

ὁ ἀνὴρ ἅπτεται τοῦ
δένδρου.

ὁ ἀνὴρ παρὰ τὴν θυρίδα ἕστηκεν.
ὁ ἀνὴρ βλέπει διὰ τῆς θυρίδος.
ὁ ἀνὴρ σῴζει τὴν παῖδα.
ὁ ἀνὴρ λαλεῖ πρὸς τὸν ὄχλον.

ὁ ἀνὴρ λούει τὸν
κύνα.

ὁ ἀνὴρ βάλλει ὕδατα
ἐπὶ τὸν κύνα.

ἡ γυνὴ περικόπτει
τὴν χάρτην.

ἡ γυνὴ βάλλει
τὴν σφαῖραν.

ἡ γυνὴ κνήθεται
τὴν κεφαλήν.

ἡ γυνὴ ἀνοίγει
τὴν θύραν τῆς κιβωτοῦ.

ἡ γυνὴ κλείει
τὴν θύραν τῆς κιβωτοῦ.

ὁ παῖς καταπίπτει
ἀπ' ἀναβαθμῶν.

ὁ βραχίων
τοῦ παιδὸς αἱμορροεῖ.

ὁ παῖς καθεύδει.

ὁ παῖς ἕστηκεν.
ὁ παῖς καθίζει.
ὁ παῖς ἀπεκδέχεται.
ὁ παῖς εἰσέρχεται εἰς τὸν οἶκον.

ἡ παῖς προσκαλεῖται τὸν κύνα.
δεῦτε κύον μου, δεῦτε.

ἡ παῖς ἀναβαίνει τοὺς ἀναβαθμούς.

ἡ παῖς καταβαίνει τοὺς ἀναβαθμούς.

οἱ ἄνθρωποι ἐσθίουσιν.

οἱ ἄνθρωποι πίνουσιν.

τὸ πῦρ θυμιᾷ.

# κεφάλαιον πέμπτον - βρῶμα καὶ πόμα

| Forms Found In This Chapter | Lexical Forms | Simple Gloss |
|---|---|---|
| ἅλα | ἅλας, ἁλός, ὁ | Salt |
| ἄμυλα | ἄμυλος, -ου, ὁ | Potato, starch |
| ἀνὴρ | ἀνήρ, ἀνδρός, ὁ | Man, male, husband |
| ἄρτον | ἄρτος, -ου, ὁ | Bread |
| ἄσταχυν | ἄσταχυς, -υος, ὁ | Corn, ear of corn |
| γάλα | γάλα, -κτος or indecl., τό | Milk |
| γυνὴ | γυνή, -αικός, ἡ | Woman, wife |
| γυρὸν | γυρός, ά, όν | Round, curved (w. ἄρτος) |
| ἐπὶ | ἐπί | On, upon |
| ἐρυθρὸς | ἐρυθρός, ά, όν | Red |
| ἐσθίει | ἐσθίω | To eat |
| ἐστιν | εἰμί | To be |
| ἔχει | ἔχω | To have, hold |
| ἡ | ὁ, ἡ, τό | The |
| ἴτριον | ἴτριον, -ου, τό | Cake |
| ἰχθύν | ἰχθύς, -ύος, ὁ | Fish |
| καλὸν | καλός, ή, όν | Good, beautiful |
| καρπός | καρπός, -ου, ὁ | Fruit |
| κεῖται | κεῖμαι | To lie down, recline |
| κενόν | κενός, ή, όν | Empty |
| κίτρον | κίτρον, -ου, τό | Lemon |
| κρέας | κρέας, -έως, τό | Meat |
| μελεαγρίδα | μελεαγρίς, -ίδος, ὁ | Turkey |
| μῆλον | μῆλον, -ου, τό | Melon, apple |
| μηλοπέπων | μηλοπέπων, -ονος, ὁ | Melon, watermelon |
| ὁ | ὁ, ἡ, τό | The |
| ὄγχνη | ὄγχνη, -ης, ἡ | Pear |
| οἰκία | οἰκία, -ας, ἡ | House, household |
| οὗτός | οὗτος, αὕτη, τοῦτο | This |
| παῖς | παῖς, παιδός, ὁ, ἡ | Child |
| πέντε | πέντε | Five |
| πίνει | πίνω | To drink |
| ποτήριον | ποτήριον, -ου, τό | Cup |
| σταθεύει | σταθεύω | To fry, roast, cook |
| σταφυλήν | σταφυλή, -ῆς, ἡ | Grapes (bundle of) |
| σταφυλίνους | σταφυλῖνος, -ου, ὁ | Carrot |
| σώματί | σῶμα, -τος, τό | Body |
| τέκνον | τέκνον, -ου, τό | Child |

| τέσσαρα | τέσσαρες, α | Four |
|---|---|---|
| τῆς | ὁ, ἡ, τό | The |
| τὸ | ὁ, ἡ, τό | The |
| τὸν | ὁ, ἡ, τό | The |
| τοῦτό | οὗτος, αὕτη, τοῦτο | This |
| τραπέζης | τράπεζα, -ης, ἡ | Table |
| τῷ | ὁ, ἡ, τό | The |
| ὕδωρ | ὕδωρ, -ατος, τό | Water |
| φαγεῖν | ἐσθίω | To eat |
| φιλεῖ | φιλέω | To love, like, kiss |
| φυστήν | φυστή, -ῆς, ἡ | Pastry, donut |
| ᾠόν | ᾠόν, ᾠοῦ, τό | Egg |
| ὤπτηκεν | ὀπτάω | To bake |

ὁ ἀνὴρ σταθεύει
τὸ κρέας.

ὁ ἀνὴρ ἐσθίει
τὸν ἄρτον.

ἡ γυνὴ σταθεύει
τὸν ἰχθύν.

ἡ γυνὴ ὤπτηκεν
ἴτριον.

ἡ γυνὴ ἐσθίει
ἄσταχυν.

ὁ παῖς πίνει ὕδωρ.

ὁ παῖς ἐσθίει
γυρὸν ἄρτον.

ὁ παῖς φιλεῖ
φαγεῖν σταφυλήν.

ἡ παῖς ἔχει ἅλα.

ἡ παῖς ἔχει ᾠόν.

ἡ παῖς ἔχει
πέντε σταφυλίνους.

γάλα καλὸν
τῷ σώματί ἐστιν.

τὸ τέκνον
ἐσθίει φυστήν.

τὸ ποτήριον
κενόν ἐστιν.

ἡ οἰκία φιλεῖ
φαγεῖν μελεαγρίδα.

τέσσαρα ἄμυλα κεῖται
ἐπὶ τῆς τραπέζης.

τοῦτό ἐστι μῆλον.
οὗτός ἐστιν ἐρυθρὸς καρπός.
τοῦτό ἐστι κίτρον.
τοῦτό ἐστιν ὄγχνη.
οὗτός ἐστι μηλοπέπων.

# κεφάλαιον ἕκτον - ἀσπασμοί

| Forms Found In This Chapter | Lexical Forms | Simple Gloss |
|---|---|---|
| ἀδελφῆς | ἀδελφή, -ῆς, ἡ | Sister |
| ἀδελφοῦ | ἀδελφός, -οῦ, ὁ | Brother |
| Ἀθηνῶν | Ἀθῆναι, -ῶν, ἡ | Athens |
| ἀλλήλοις | ἀλλήλων | One another, each other |
| ἀλλήλων | ἀλλήλων | One another, each other |
| ἄλλος | ἄλλος, -η, -ο | Other, another |
| ἄνδρες | ἀνήρ, ἀνδρός, ὁ | Man, male, husband |
| ἀνὴρ | ἀνήρ, ἀνδρός, ὁ | Man, male, husband |
| αὐτῇ | αὐτός, -ή, ό | Him, her, it |
| αὕτη | οὗτος, αὕτη, τοῦτο | This |
| αὐτῆς | αὐτός, -ή, ό | Him, her, it |
| αὐτοῦ | αὐτός, -ή, ό | Him, her, it |
| βρώμασιν | βρῶμα, -ατος, τό | Food |
| βρώματα | βρῶμα, -ατος, τό | Food |
| γὰρ | γάρ | For |
| γενέθλιός | γενέθλιος, -ον | Birthday, pertaining to one's birth |
| γυνή | γυνή, -αικός, ἡ | Woman, wife |
| γυνὴ | γυνή, -αικός, ἡ | Woman, wife |
| δ' | δέ | But, and |
| διδόασιν | δίδωμι | To give |
| δορκάς | δορκάς, -άδος, ἡ | Gazelle, Dorcas (name) |
| δοῦναί | δίδωμι | To give |
| δύο | δύο | Two |
| δῶρον | δῶρον, -ου, τό | Gift, present |
| εἴκοσι | εἴκοσι | Twenty |
| ἐκ | ἐκ | From out of |
| ἕνα | εἷς, μία, ἕν | One |
| ἐποίησεν | ποιέω | To do, make |
| ἔρρωσο | ῥώννυμι | To make strong, bid farewell, say goodbye |
| ἑσπέρα | ἑσπέρα, -ας, ἡ | Evening |
| ἐστίν | εἰμί | To be |
| ἔτη | ἔτος, -ους, τό | Year |
| εὖ | εὖ | Fine, well, good |
| εὐχαριστῶ | εὐχαριστέω | To thank, give thanks |
| ἔχεις | ἔχω | To have, hold |
| ἔχω | ἔχω | To have, hold |
| ἡ | ὁ, ἡ, τό | The |

| | | |
|---|---|---|
| ἥδομαι | ἥδομαι | To like, enjoy, delight in |
| ἦλθες | ἔρχομαι | To come, go |
| ἦλθον | ἔρχομαι | To come, go |
| ἡμέρα | ἡμέρα, -ας, ἡ | Day |
| ἣν | ὅς, ἥ, ὅ | Which |
| ἦν | εἰμί | To be |
| θέλεις | θέλω | To wish, want, desire |
| θυγατέρα | θυγάτηρ, -τρός, ἡ | Daughter |
| Ἰορδάνης | Ἰορδάνης, -ου, ὁ | Jordan (name) |
| κἀγὼ | κἀγώ (καί + ἐγώ) | And I, me too |
| καθίσαι | καθίζω | To sit down |
| καὶ | καί | And, even, also |
| καλά | καλός, -ή, -όν | Good, beautiful |
| καλὴ | καλός, -ή, -όν | Good, beautiful |
| καλόν | καλός, -ή, -όν | Good, beautiful |
| καλῶς | καλῶς | Well, beautifully |
| καταφιλεῖ | καταφιλέω | To kiss tenderly/repeatedly |
| κεκοπίακα | κοπιάω | To be tired (from work), weary |
| κεκοπίακας | κοπιάω | To be tired (from work), weary |
| κύριος | κύριος, -ου, ὁ | Lord, master, sir |
| κυρίου | κύριος, -ου, ὁ | Lord, master, sir |
| λέγει | λέγω | To say, speak |
| μεσημβρία | μεσημβρία, -ας, ἡ | Noon, mid-day |
| μεσονύκτιον | μεσονύκτιον, -ου, τό | Midnight |
| μίαν | εἷς, μία, ἕν | One |
| Μιχαὴλ | Μιχαήλ, ὁ (indecl.) | Michael |
| μοι | ἐγώ | Me, my |
| μου | ἐγώ | Me, my |
| ναί | ναί | Yes |
| ὁ | ὁ, ἡ, τό | The |
| ὁδοιπορία | ὁδοιπορία, -ας, ἡ | Journey, trip |
| οἱ | ὁ, ἡ, τό | The |
| ὄνομα | ὄνομα, -ατος, τό | Name |
| ὄνομά | ὄνομα, -ατος, τό | Name |
| ὀνόματι | ὄνομα, -ατος, τό | Name |
| παῖς | παῖς, παιδός, ὁ, ἡ | Child |
| πέντε | πέντε | Five |
| πιεῖν | πίνω | To drink |
| πόθεν | πόθεν | From where? |

| | | |
|---|---|---|
| ποιεῖς | ποίεω | To do, make |
| πόσα | πόσος, η, ον | How many/much? |
| ποτὸν | ποτόν, -οῦ, τό | A drink |
| πρωΐα | πρωΐα, -ας, ἡ | Early morning |
| πῶς | πῶς | How? |
| Ῥώμης | Ῥώμη, -ης, ἡ | Rome |
| σαλεύουσιν | σαλεύω | To shake |
| σήμερον | σήμερον | Today |
| σοι | σύ | You |
| σου | σύ | You |
| σὺ | σύ | You |
| τὰ | ὁ, ἡ, τό | The |
| τὰς | ὁ, ἡ, τό | The |
| τέκνα | τέκνον, -ου, τό | Child |
| τήθης | τήθη, -ης, ἡ | Grandmother |
| τὴν | ὁ, ἡ, τό | The |
| τῆς | ὁ, ἡ, τό | The |
| τί | τίς, τί | Why? What? Which? Who? |
| τὸ | ὁ, ἡ, τό | The |
| τοῖς | ὁ, ἡ, τό | The |
| τοῦ | ὁ, ἡ, τό | The |
| τοῦτο | οὗτος, αὕτη, τοῦτο | This |
| τῷ | ὁ, ἡ, τό | The |
| τῶν | ὁ, ἡ, τό | The |
| υἱὸν | υἱός, -οῦ, ὁ | Son |
| φαγεῖν | ἐσθίω | To eat |
| χαῖρε | χαίρω | To greet, rejoice |
| χαίρωμεν | χαίρω | To greet, rejoice |
| χεῖρας | χείρ, -ός, ἡ | Hand |
| ὥδευσας | ὁδεύω | To go, travel, journey |

χαῖρε.
χαῖρε.

ἔρρωσο.
ἔρρωσο.

πῶς ἔχεις
σήμερον;

καλῶς ἔχω.
πῶς ἔχεις;

κἀγὼ καλῶς ἔχω.
εὐχαριστῶ σοι.

εὖ σοι πρωΐα.
εὖ σοι πρωΐα.
εὖ σοι μεσημβρία.
εὖ σοι μεσημβρία.
εὖ σοι ἑσπέρα.
εὖ σοι ἑσπέρα.
εὖ σοι μεσονύκτιον.
εὖ σοι μεσονύκτιον.

θέλεις πιεῖν;

θέλεις φαγεῖν;

θέλεις καθίσαι;

τὰ βρώματα καλά;
ναί, ἥδομαι τοῖς βρώμασιν.

τὸ ποτὸν καλόν;
ναί, τὸ ποτὸν καλόν.

τοῦτο δῶρον ἔχω
δοῦναί σοι.

εὐχαριστῶ σοι.

εὖ σοι
γένοιτο.

Χαίρωμεν σήμερον, ἡ γὰρ
γενέθλιός σου ἡμέρα ἐστίν.
πόσα ἔτη;

εἴκοσι ἔτη ἔχω.
εὐχαριστῶ σοι.

τί ὄνομά σοι;

Μιχαὴλ ὄνομά μοι. τί ὄνομά σοι;

Ἰορδάνης ὄνομά μοι.

ἔχω δύο τέκνα. ἔχω ἕνα υἱὸν καὶ μίαν θυγατέρα.
σὺ ἔχεις τέκνα;

σὺ ἔχεις γυνή;
ναί, ἔχω γυνὴ. ὄνομα αὐτῇ Δορκάς.

ὥδευσας καλῶς;
καλὴ ἦν ἡ ὁδοιπορία μου.

σὺ κεκοπίακας;
ναί, κεκοπίακα.

ὁ ἀνὴρ καταφιλεῖ τὴν σιαγόνα τοῦ ἀδελφοῦ αὐτοῦ.

ἡ γυνὴ καταφιλεῖ τὴν σιαγόνα τῆς ἀδελφῆς αὐτῆς.

ὁ παῖς καταφιλεῖ τὴν σιαγόνα τῆς τήθης αὐτοῦ.

οἱ ἄνδρες σαλεύουσιν
τὰς χεῖρας ἀλλήλων.

οἱ ἄνδρες διδόασιν
πέντε ἀλλήλοις.

ὁ ἀνὴρ λέγει, Αὕτη ἡ
ἡμέρα ἣν ἐποίησεν ὁ
κύριος. ὁ δ᾽ ἄλλος λέγει,
Χαῖρε τῷ ὀνόματι κυρίου.

πόθεν
ἦλθες;

ἐκ τῶν Ἀθηνῶν
ἦλθον.
πόθεν ἦλθες;

ἐκ τῆς Ῥώμης
ἦλθον.

# κεφάλαιον ἕβδομον - ἀριθμοί

| Forms Found In This Chapter | Lexical Forms | Simple Gloss |
|---|---|---|
| αἰγιαλοῦ | αἰγιαλός, -οῦ, ὁ | Shore, seashore |
| ἀνὴρ | ἀνήρ, ἀνδρός, ὁ | Man, male |
| ἀπὸ | ἀπό | From, away from |
| ἀράχνας | ἀράχνης, -ου, ὁ | Spider |
| βιβλία | βιβλίον, -ου, τό | Scroll, book |
| βλέπει | βλέπω | To see |
| γυνὴ | γυνή, -αικός, ἡ | Woman, wife |
| δακτύλους | δάκτυλος, -ου, ὁ | Fingers, toes |
| δέκα | δέκα | Ten |
| δένδρα | δένδρον, -ου, τό | Tree, bush |
| δένδρον | δένδρον, -ου, τό | Tree, bush |
| δένδρων | δένδρον, -ου, τό | Tree, bush |
| διδάσκαλος | διδάσκαλος, -ου, ὁ | Teacher |
| δισχίλια | δισχίλιοι | Two thousand |
| δύο | δύο | Two |
| δώδεκα | δώδεκα | Twelve |
| δῶρα | δῶρον, -ου, τό | Gift, present |
| ἑβδομήκοντα | ἑβδομήκοντα | Seventy |
| εἴκοσι | εἴκοσι | Twenty |
| εἷς | εἷς, μία, ἕν | One |
| εἰσὶν | εἰμί | To be |
| ἑκατόν | ἑκατόν | One hundred |
| ἓν | εἷς, μία, ἕν | One |
| ἕνδεκα | ἕνδεκα | Eleven |
| ἐνενήκοντα | ἐνενήκοντα | Ninety |
| ἐννέα | ἐννέα | Nine |
| ἓξ | ἕξ | Six |
| ἑξήκοντα | ἑξήκοντα | Sixty |
| ἐπὶ | ἐπί | On, upon |
| ἑπτά | ἑπτά | Seven |
| ἐστιν | εἰμί | To be |
| ἐστὶν | εἰμί | To be |
| ἔχει | ἔχω | To have, hold |
| ἡ | ὁ, ἡ, τό | The |
| καὶ | καί | And, even, also |
| κεῖνται | κεῖμαι | To lie down, recline |
| κιβωτούς | κιβωτός, -οῦ, ἡ | Box, wood box, boat |
| κύνες | κύων, κυνός, ὁ | Dog |

| | | |
|---|---|---|
| κυνῶν | κύων, κυνός, ὁ | Dog |
| κύων | κύων, κυνός, ὁ | Dog |
| λίθους | λίθος, -ου, ὁ | Stone, rock |
| ὁ | ὁ, ἡ, τό | The |
| ὀγδοήκοντα | ὀγδοήκοντα | Eighty |
| ὀκτὼ | ὀκτώ | Eight |
| οὐδέν | οὐδείς, οὐδεμία, οὐδέν | None, not one, no one |
| οὐδὲν | οὐδείς, οὐδεμία, οὐδέν | None, not one, no one |
| παῖς | παῖς, παιδός, ὁ, ἡ | Child |
| πέντε | πέντε | Five |
| πεντήκοντα | πεντήκοντα | Fifty |
| πέτασοι | πέτασος, -ου, ὁ | Hat (w. a brim) |
| πέτασος | πέτασος, -ου, ὁ | Hat (w. a brim) |
| πετασών | πέτασος, -ου, ὁ | Hat (w. a brim) |
| πετεινά | πετεινόν, -οῦ, τό | Bird (that flies) |
| σφαῖραι | σφαῖρα, -ας, ἡ | Ball |
| τέσσαρα | τέσσαρες, α | Four |
| τεσσαράκοντα | τεσσεράκοντα or τεσσαράκοντα | Forty |
| τεσσάρων | τέσσαρες, α | Four |
| τρεῖς | τρεῖς | Three |
| τρία | τρεῖς | Three |
| τριάκοντα | τριάκοντα | Thirty |
| τρισχίλια | τρισχίλιοι, αι, α | Three thousand |
| χίλια | χίλιοι, αι, α | (One) Thousand |
| χιλιάδες | χιλιάς, -άδος, ἡ | (One) Thousand |
| χοῖροι | χοῖρος, -ου, ὁ | Pig |
| ᾠά | ᾠόν, ᾠοῦ, τό | Egg |

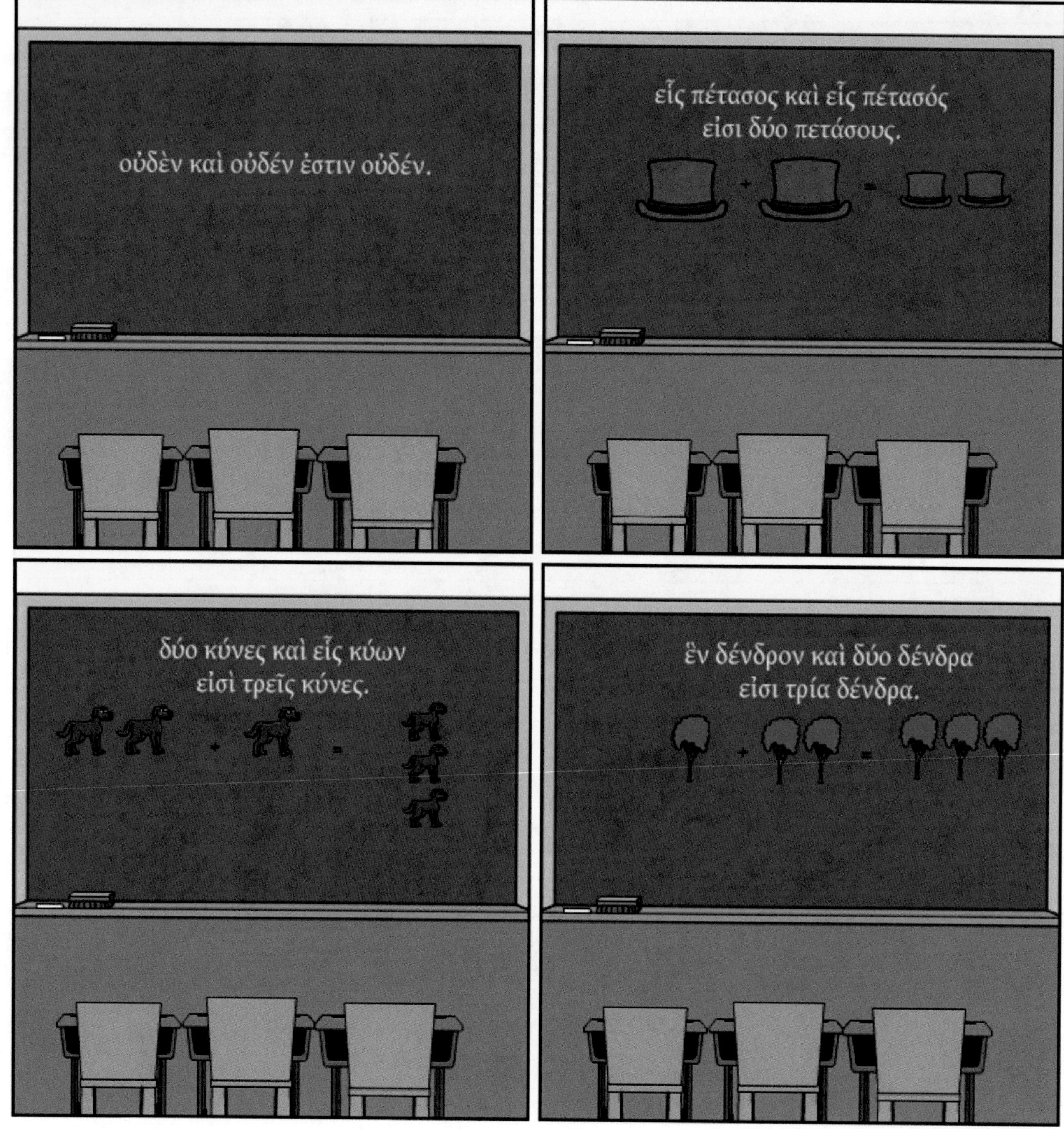
οὐδὲν καὶ οὐδέν ἐστιν οὐδέν.
εἷς πέτασος καὶ εἷς πέτασός
εἰσι δύο πετάσους.
δύο κύνες καὶ εἷς κύων
εἰσὶ τρεῖς κύνες.
ἓν δένδρον καὶ δύο δένδρα
εἰσι τρία δένδρα.

ὁ παῖς ἔχει
πέντε δακτύλους.
ἡ παῖς βλέπει
ἓξ πετεινά.
ὁ ἀνὴρ βλέπει
ἑπτά λίθους.
ἡ γυνὴ βλέπει
ὀκτὼ ἀράχνας.

εἷς πέτασος ἀπὸ δώδεκα πετασῶν εἰσιν ἕνδεκα πέτασοι.

εἷς κύων ἀπὸ δέκα τεσσάρων κυνῶν εἰσι δέκα τρεῖς κύνες.

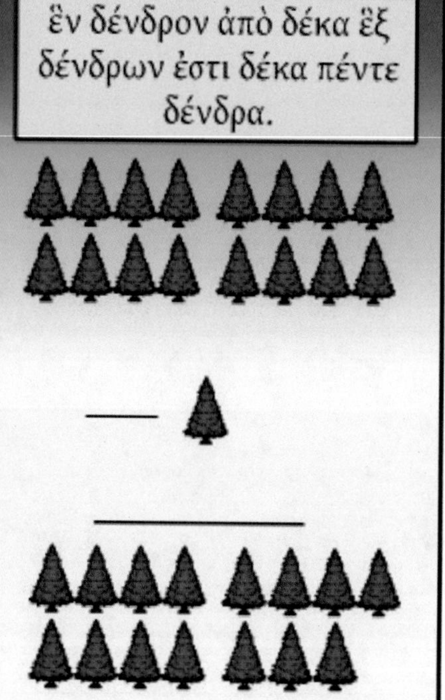

εἴκοσι σφαῖραι κεῖνται
ἐπὶ αἰγιαλοῦ.

τριάκοντα δῶρα.

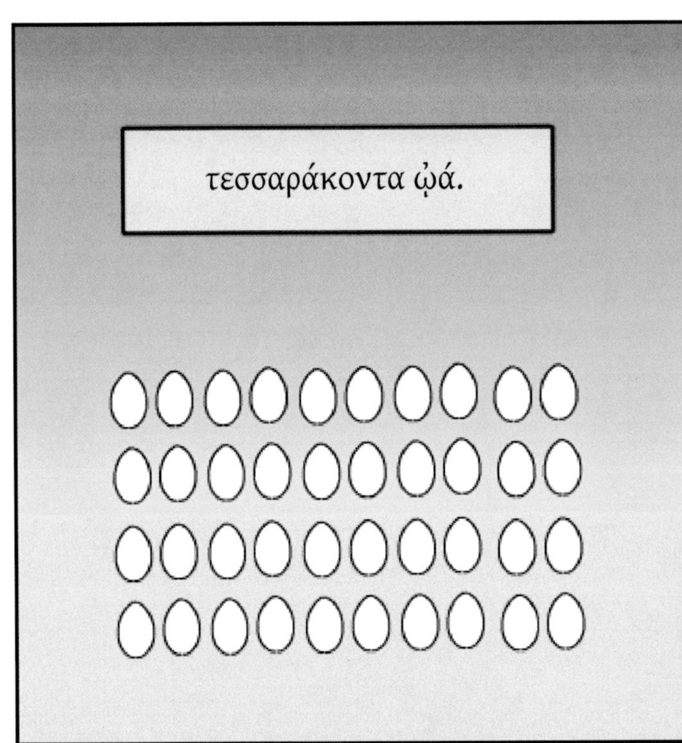
τεσσαράκοντα ᾠά.

πεντήκοντα χοῖροι.

ἑξήκοντα

60

ἑβδομήκοντα

70

ὀγδοήκοντα

80

ἐνενήκοντα

90

ἑκατόν

100

| χίλια | δισχίλια |
|---|---|
| 1,000 | 2,000 |

| τρισχίλια | δέκα χιλιάδες |
|---|---|
| 3,000 | 10,000 |

# κεφάλαιον ὄγδοον - ὧραι καὶ ὥρα ἔτους

| Forms Found In This Chapter | Lexical Forms | Simple Gloss |
|---|---|---|
| Ἀνθεστηριών | Ἀνθεστηριών, -ῶνος, ὁ | February/March |
| ἄνθα | ἄνθος, -ους, τό | Flower |
| ἀπὸ | ἀπό | From, away from |
| αὕτη | οὗτος, αὕτη, τοῦτο | This |
| Βοηδρομιών | Βοηδρομιών, -ῶνος, ὁ | September/October |
| Γαμηλιών | Γαμηλιών, -ῶνος, ὁ | January/February |
| δέκατος | δέκατος, η, ον | Tenth |
| δένδρου | δένδρον, -ου, τό | Tree |
| δευτέρα | δεύτερος, τέρα, ον | Second |
| δεύτερος | δεύτερος, τέρα, ον | Second |
| δώδεκα | δώδεκα | Twelve |
| δωδέκατος | δωδέκατος, η, ον | Twelfth |
| ἕβδομος | ἕβδομος, η, ον | Seventh |
| εἴκοσι | εἴκοσι | Twenty |
| εἰσιν | εἰμί | To be |
| Ἑκατομβαιών | Ἑκατομβαιών, -ῶνος, ὁ | July/August |
| ἐκπίπτει | ἐκπίπτω | To fall from |
| ἕκτος | ἕκτος, η, ον | Sixth |
| Ἐλαφηβολιών | Ἐλαφηβολιών, -ῶνος, ὁ | March/April |
| ἐν | ἐν | In, into |
| ἓν | εἷς, μία, ἕν | One |
| ἔνατος | ἔνατος, η, ον | Ninth |
| ἑνδέκατος | ἑνδέκατος, η, ον | Eleventh |
| ἑξήκοντα | ἑξήκοντα | Sixty |
| ἑπτὰ | ἑπτά | Seven |
| ἐστιν | εἰμί | To be |
| ἐστίν | εἰμί | To be |
| ἐστὶν | εἰμί | To be |
| ἔτος | ἔτος, -ους, τό | Year |
| ἔχει | ἔχω | To have, hold |
| ἔχομεν | ἔχω | To have, hold |
| ἡ | ὁ, ἡ, τό | The |
| ἥλιον | ἥλιος, -ου, ὁ | Sun |
| ἡμέρα | ἡμέρα, -ας, ἡ | Day |
| ἡμέρας | ἡμέρα, -ας, ἡ | Day |
| ἡμερολόγιον | ἡμερολόγιον, -ου, τό | Calendar |
| ἠρινὸν | ἠρινός, ή, όν | Spring, spring-time |
| Θαργηλιών | Θαργηλιών, -ῶνος, ὁ | May/June |

| θέρους | θέρος, -ους, τό | Summer |
|---|---|---|
| καὶ | καί | And, even, also |
| λεπτά | λεπτόν, -οῦ, τό | Small coin |
| λεπτὸν | λεπτόν, -οῦ, τό | Small coin |
| Μαιμακτηριών | Μαιμακτηριών, -ῶνος, ὁ | November/December |
| Μεταγειτνιών | Μεταγειτνιών, -ῶνος, ὁ | August/September |
| μετοπώρου | μετόπωρον | Fall, autumn |
| μήν | μήν, μηνός, ὁ | Month |
| μῆνας | μήν, μηνός, ὁ | Month |
| μία | εἷς, μία, ἕν | One |
| Μουνυχιών | Μουνυχιών, -ῶνος, ὁ | April/May |
| νυχθημέρου | νυχθήμερον, -ου, τό | One full day |
| ὁ | ὁ, ἡ, τό | The |
| ὄγδοος | ὄγδοος, η, ον | Eighth |
| ὄμβρους | ὄμβρος, -ου, ὁ | Rain, rainstorm |
| παρασκευή | παρασκευή, -ῆς, ἡ | Friday |
| πέμπτη | πέμπτος, η, ον | Thursday |
| πέμπτος | πέμπτος, η, ον | Thursday |
| Ποσειδεών | Ποσειδεών, -ῶνος, ὁ | December/January |
| πρῶτα | πρῶτος, η, ον | First |
| πρώτη | πρῶτος, η, ον | First |
| πρῶτον | πρῶτος, η, ον | First |
| πρῶτος | πρῶτος, η, ον | First |
| Πυανεψιών | Πυανεψιών, -ῶνος, ὁ | October/November |
| σάββατον | σάββατον, -ου, τό | Saturday |
| Σκιροφοριών | Σκιροφοριών, -ῶνος, ὁ | June/July |
| τὰ | ὁ, ἡ, τό | The |
| τέσσαρες | τέσσαρες, α | Four |
| τετάρτη | τέταρτος, η, ον | Fourth |
| τέταρτος | τέταρτος, η, ον | Fourth |
| τίς | τίς, τί | Who? Which? What? Why? |
| τὸ | ὁ, ἡ, τό | The |
| τοῦ | ὁ, ἡ, τό | The |
| τοῦτό | οὗτος, αὕτη, τοῦτο | This |
| τρίτη | τρίτος, η, ον | Third |
| τρίτος | τρίτος, η, ον | Third |
| τῷ | ὁ, ἡ, τό | The |
| φύλλα | φύλλον, -ου, τό | Leaf |
| χειμῶνι | χειμών, -ῶνος, ὁ | Winter |

| χιόνα | χιών, -όνος, ἡ | Snow |
| --- | --- | --- |
| ὥρα | ὥρα, -ας, ἡ | Hour |
| ὧραί | ὥρα, -ας, ἡ | Hour |
| ὡρολόγιον | ὡρολόγιον, -ου, τό | A tool that measures time |

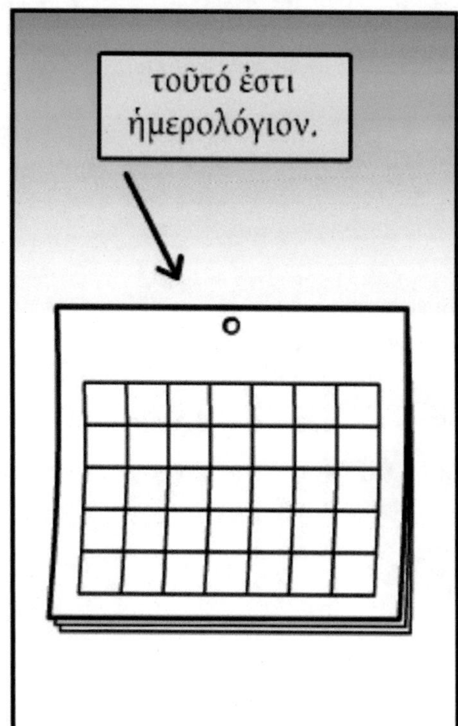
τοῦτό ἐστι
ἡμερολόγιον.

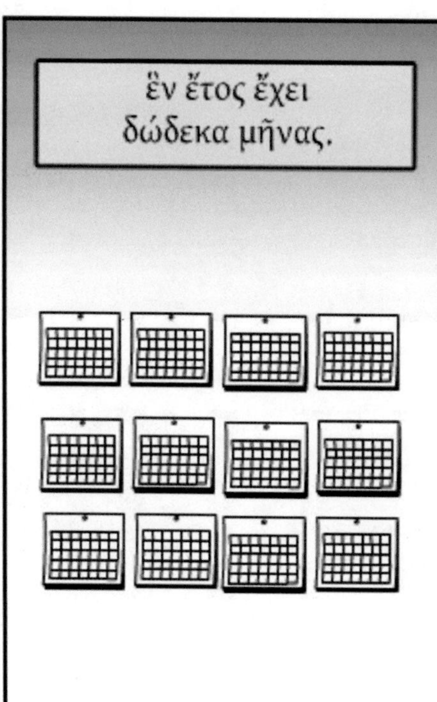
ἓν ἔτος ἔχει
δώδεκα μῆνας.

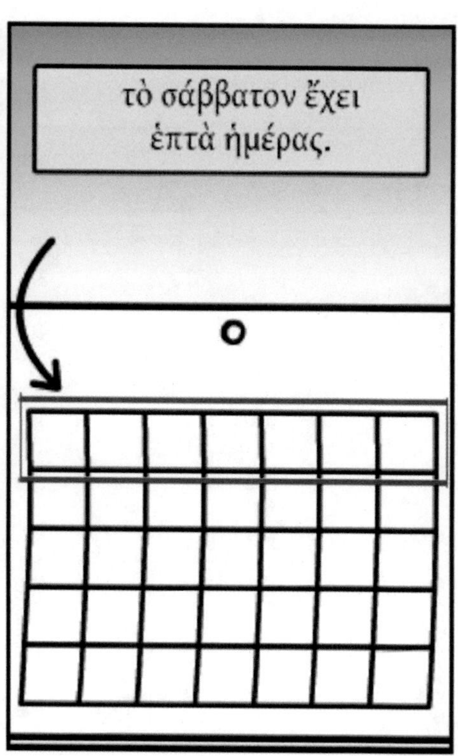
τὸ σάββατον ἔχει
ἑπτὰ ἡμέρας.

αὕτη ἡμέρα
ἐστὶν ἡ πρώτη.

αὕτη ἡμέρα
ἐστὶν ἡ δευτέρα.

αὕτη ἡμέρα
ἐστὶν ἡ τρίτη.

αὕτη ἡμέρα
ἐστὶν ἡ τετάρτη.
αὕτη ἡμέρα
ἐστὶν ἡ πέμπτη.
αὕτη ἡμέρα
ἐστὶν ἡ
παρασκευή.
αὕτη ἡμέρα
ἐστι τὸ
σάββατον.

τοῦτό ἐστιν
ὡρολόγιον.
εἴκοσι τέσσαρες ὧραί εἰσι
τοῦ νυχθημέρου.
μία ὥρα ἔχει ἑξήκοντα
πρῶτα λεπτά.
πρῶτον λεπτὸν ἔχει ἑξήκοντα
δευτέρα λεπτά.

ἔχομεν χιόνα ἐν
τῷ χειμῶνι.

ἠρινὸν ἔχομεν ὄμβρους
καὶ ἄνθα.

τοῦ θέρους
ἔχομεν ἥλιον.

τοῦ μετοπώρου τὰ
φύλλα ἐκπίπτει ἀπὸ
τοῦ δένδρου.

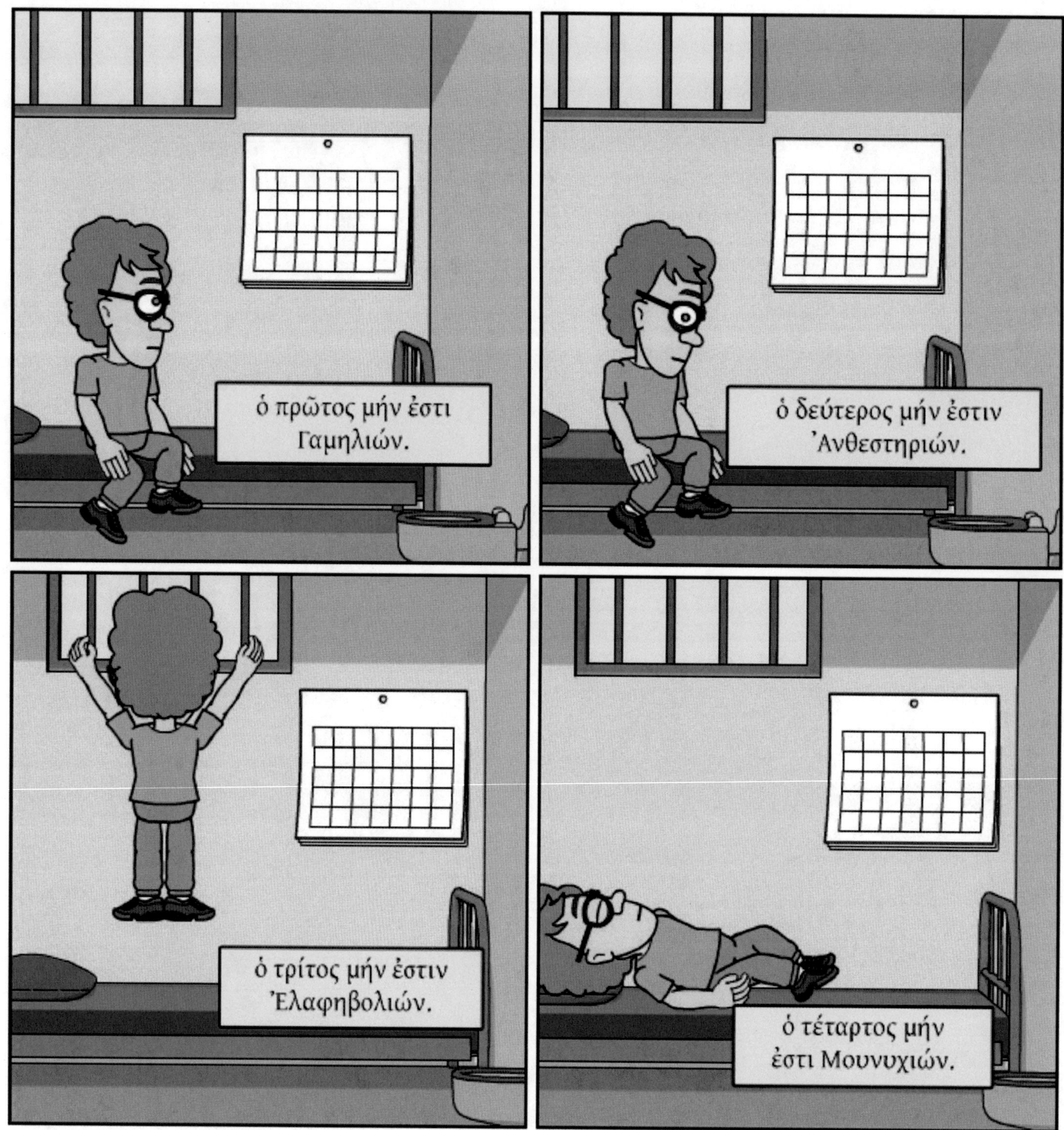
ὁ πρῶτος μὴν ἐστι
Γαμηλιών.
ὁ δεύτερος μὴν ἐστιν
Ἀνθεστηριών.
ὁ τρίτος μὴν ἐστιν
Ἐλαφηβολιών.
ὁ τέταρτος μὴν
ἐστι Μουνυχιών.

ὁ πέμπτος μήν
ἐστι Θαργηλιών.
ὁ ἕκτος μήν
ἐστι Σκιροφοριών.
ὁ ἕβδομος μήν
ἐστιν Ἑκατομβαιών.
ὁ ὄγδοος μήν
ἐστι Μεταγειτνιών.

ὁ ἔνατος μήν
ἐστι Βοηδρομιών.
ὁ δέκατος μήν
ἐστι Πυανεψιών.
ὁ ἑνδέκατος μήν
ἐστι Μαιμακτηριών.
ὁ δωδέκατος μήν
ἐστι Ποσειδεών.

τίς ἡμέρα ἐστίν;
ἡ ἡμέρα ἐστὶν ἡ πρώτη.

τίς μήν ἐστιν;
ὁ μήν ἐστι Γαμηλιών.

# κεφάλαιον ἔνατον - πάθη καὶ νοήματα

| Forms Found In This Chapter | Lexical Forms | Simple Gloss |
|---|---|---|
| ἀδιάληπτός | ἀδιάληπτος, ον | Confused |
| αἰσχύνεται | αἰσχύνω | To put to shame, dishonor |
| ἀνὴρ | ἀνήρ, ἀνδρός, ὁ | Man, male |
| ἀρκεῖται | ἀρκέω | To be content |
| βδελύσσεται | βδελύσσομαι | To detest, abhor |
| γυνὴ | γυνή, -αικός, ἡ | Woman, wife |
| ἐστιν | εἰμί | To be |
| ἡ | ὁ, ἡ, τό | The |
| θαυμάζει | θαυμάζω | To be amazed |
| κεκοπιακώς | κοπιάω | To be tired (from work), weary |
| λυπηρός | λυπηρός, ά, όν | To be sad |
| μακάριός | μακάριος, α, ον | Happy, blessed |
| μεριμνᾷ | μεριμνάω | To worry, have anxiety |
| μετανοεῖ | μετανοέω | To repent |
| ὁ | ὁ, ἡ, τό | The |
| ὀργίζεται | ὀργίζω | To be/make angry |
| παῖς | παῖς, παιδός, ὁ | Child |
| τινι | τις, τι | Someone, something |
| φοβεῖται | φοβέομαι | To be afraid, fear |

ὁ παῖς
μακάριός ἐστιν.

ὁ παῖς
λυπηρός ἐστιν.

ὁ παῖς ὀργίζεται.

ἡ παῖς
αἰσχύνεται.

ἡ παῖς
φοβεῖται.

ἡ παῖς
βδελύσσεται.

ὁ ἀνὴρ
ἀδιάληπτός ἐστιν.

ὁ ἀνὴρ θαυμάζει.

ὁ ἀνὴρ
κεκοπιακώς
ἐστιν.

ἡ γυνὴ μεριμνᾷ.

ἡ γυνὴ μετανοεῖ.

ἡ γυνὴ
ἀρκεῖται (τινι).

# κεφάλαιον δέκατον - ἐρωτήματα

| Forms Found In This Chapter | Lexical Forms | Simple Gloss |
|---|---|---|
| ἀγοράζεις | ἀγοράζω | To buy, purchase |
| ἀγοράζω | ἀγοράζω | To buy, purchase |
| ἀγοράν | ἀγορά, -ᾶς, ἡ | Marketplace |
| ἀπελεύσομαι | ἀπέρχομαι | To depart, go away |
| ἀπέρχῃ | ἀπέρχομαι | To depart, go away |
| αὔριον | αὔριον | Tomorrow |
| βηθλέεμ | Βηθλέεμ, ἡ (indecl.) | Bethlehem |
| Δαυὶδ | Δαυίδ, -ης, ὁ (indecl.) | David |
| δέκα | δέκα | Ten |
| δεξιάς | δεξιός, ά, όν | Right |
| διὰ | διά | Through |
| δραχμαί | δραχμή, -ῆς, ἡ | Drachma, coin |
| ἑβδόμης | ἕβδομος, η, ον | Seventh |
| ἐγὼ | ἐγώ | I |
| εἶ | εἰμί | To be |
| εἰμι | εἰμί | To be |
| ἐκεῖνο | ἐκεῖνος, η, ο | That |
| ἐκεῖνός | ἐκεῖνος, η, ο | That |
| ἐν | ἐν | In, into |
| ἐστιν | εἰμί | To be |
| ἐστίν | εἰμί | To be |
| ἔστιν | εἰμί | To be |
| εὑρεῖν | εὑρίσκω | To find |
| ζῴων | ζῷον | Animal |
| ἡ | ὁ, ἡ, τό | The |
| θέλεις | θέλω | To wish, want, desire |
| θέλω | θέλω | To wish, want, desire |
| θησαυρόν | θησαυρός, οῦ, ὁ | Treasure |
| θύρας | θύρα, -ας, ἡ | Door |
| ἵππον | ἵππος, -ου, ὁ | Horse |
| κύνα | κύων, κυνός, ὁ | Dog |
| λουτρόν | λουτρόν, -οῦ, τό | Bath, a wash(ing) |
| λυπεῖς | λυπέω | To grieve, be sad |
| λυπῶ | λυπέω | To grieve, be sad |
| μακάριος | μακάριος, α, ον | Happy, blessed |
| μακάριός | μακάριος, α, ον | Happy, blessed |
| Μαρία | Μαρία, -ας, ἡ | Mary |
| με | ἐγώ | Me, my |

| μεσημβρίᾳ | μεσημβρία, -ας, ἡ | Noon, mid-day |
|---|---|---|
| μὴ | μή | No, not |
| μήτηρ | μήτηρ, -τρός, ἡ | Mother |
| Μιχαήλ | Μιχαήλ, ὁ (indecl.) | Michael |
| μοι | ἐγώ | Me, my |
| μου | ἐγώ | Me, my |
| Ναζαρηνή | Ναζαρηνός, ή, όν | Nazarene |
| Ναζαρηνός | Ναζαρηνός, ή, όν | Nazarene |
| ναί | ναί | Yes |
| ὁ | ὁ, ἡ, τό | The |
| οἰκεῖς | οἰκέω | To dwell in, live in |
| οἶκος | οἶκος, -ου, ὁ | House, home |
| οἰκῶ | οἰκέω | To dwell in, live in |
| ὄνομά | ὄνομα, -ατος, τό | Name |
| παρέσῃ | πάρειμι | To be present, have arrived |
| παρέσομαι | πάρειμι | To be present, have arrived |
| πατήρ | πατήρ | Father |
| πορεύῃ | πορεύομαι | To go, proceed |
| πορεύομαι | πορεύομαι | To go, proceed |
| πόση | πόσος, η, ον | How much? How great? |
| πότε | πότε | When? |
| ποῦ | ποῦ | Where? |
| πράσσειν | πράσσω | To do, perform |
| πρὸς | πρός | To, toward, down from, against |
| πρώτης | πρῶτος | First |
| σοι | σύ | You |
| σου | σύ | You |
| συ | σύ | You |
| σὺ | σύ | You |
| τὴν | ὁ, ἡ, τό | The |
| τῆς | ὁ, ἡ, τό | The |
| τί | τίς, τί | Who? Which? What? Why? |
| τιμή | τιμή, -ῆς, ἡ | Honor, price |
| τίνος | τίς, τί | Who? Which? What? Why? |
| τίς | τίς, τί | Who? Which? What? Why? |
| τὸ | ὁ, ἡ, τό | The |
| τὸν | ὁ, ἡ, τό | The |
| τῶν | ὁ, ἡ, τό | The |
| φαγεῖν | ἐσθίω | To eat |

| φραγμός | φραγμός, -οῦ, ὁ | Fence |
|---|---|---|
| χαίρεις | χαίρω | To rejoice |
| χαίρω | χαίρω | To rejoice |
| ὥρας | ὥρα, -ας, ἡ | Hour |

τίς ὁ πατήρ σου;
ὁ πατήρ μου Δαυὶδ ὁ Ναζαρηνός.

τίς ἡ μήτηρ σου;
ἡ μήτηρ μου Μαρία ἡ Ναζαρηνή.

τί ὄνομά σοι;
ὄνομά μοι Μιχαήλ.

τί ἐκεῖνο;
ἐκεῖνός ἐστι φραγμός.

τί θέλεις πράσσειν;
θέλω φαγεῖν.

Οἶκος Τῶν Ζῴων
τί ἀγοράζεις;
ἐγὼ ἀγοράζω κύνα.

τίνος ὥρας ἐστίν;
ἑβδόμης ὥρας.

πότε συ ἀπέρχῃ;
αὔριον ἀπελεύσομαι.

πότε παρέσῃ;
παρέσομαι μεσημβρίᾳ.

ποῦ οἰκεῖς;
οἰκῶ ἐν Βηθλέεμ.

ποῦ πορεύῃ;
πορεύομαι πρὸς τὴν ἀγοράν.

ποῦ ἐστι τὸ λουτρόν;
ἐστι διὰ τῆς πρώτης θύρας τῆς δεξιάς.

διὰ τί χαίρεις;
χαίρω διὰ τὸ εὑρεῖν με θησαυρόν.

διὰ τί λυπεῖς;
λυπῶ διὰ τὸ μὴ εὑρεῖν με τὸν ἵππον μου.

σὺ εἶ μακάριος;
ναί, μακάριός εἰμι.

πόση ἡ τιμή;
ἡ τιμή ἐστι
δέκα δραχμαί.

Made in the USA
Monee, IL
06 August 2021

75096476R00067